MASKENHAFT

Gedichte & Gedanken

von

Cornelia Rinne

Bibliografische Information
der Deutschen Nationalbibliothek:
Die Deutsche Nationalbibliothek verzeichnet
diese Publikation in der Deutschen
Nationalbibliografie; detaillierte bibliografische
Daten sind im Internet über dnb.dnb.de
abrufbar.

Titelbild:
Elena Wagner, Osthofen

Texte und Layout:
Cornelia Rinne, Worms am Rhein

Herstellung und Verlag
BoD – Books on Demand, Norderstedt

ISBN 978-3-7448-0292-5

Start-up

Die Maske … ein Gegenstand, der gezielt etwas zeigt, mit dem ein bestimmter Ausdruck dargestellt und zugleich der wahre Inhalt verdeckt oder geschützt werden soll.

Oder betrachten wir es mal ganz anders … in der digitalen Welt beispielsweise ist eine Maske gleichzusetzen mit einem strukturierten Aufbau zur gelenkten Eingabe von Inhalten, ähnlich den Schubladen im Schrank oder den Fächern in der Schublade.

Auf jeden Fall geht es immer darum, sei es nun im guten Sinne oder mit zielgerichtet irritierender Absicht, dass wir nicht genau wissen, mit was wir konfrontiert werden und was eigentlich wirklich im Hintergrund steht. Hin und wieder ist das sogar gut, weil wir viel weniger wagen würden, wenn wir schon vorher wüssten, was dabei herauskommt. Häufig werden wir vorsätzlich derart getäuscht, dass wir voller Misstrauen zukünftig dazu neigen, nicht einmal mehr uns selbst zu vertrauen.

Die Welt der Masken ist facettenreich und veranlasst mich manchmal einfach zu leicht zynischer Ironie! ☺

Inhaltsverzeichnis

1 Bewusst versteckt?

Wir leben zu häufig im Niemandsland
und werden von anderen nicht erkannt.

Stetig versuchen wir zu erklären,
wünschen, dass liebe Menschen da wären.

Verständnis und Liebe, Großzügigkeit,
erhoffen wir sehnlich ... die ganze Zeit.

Was sollen wir von uns selbst denn zeigen,
ohne Offenheit zu übertreiben?

Wir wollen dabei sein um jeden Preis,
tasten uns vor Stück für Stück und ganz leis'.

Versteht uns denn niemand, ist denn da wer?
Warum nur ist Wahrheit immer so schwer?

Verstecken wir artig, was niemand will,
wird schnell unser Leben verdächtig still.

Zeigen wir Alles, will's keiner sehen,
könnten wir einsam zugrunde gehen.

Was kann da helfen, was sollen wir tun?
Maskenhaft ... rätselhaft werden wir nun!

Wer wir sind und wo wir gerade sind und was wir in dieser Sekunde denken und in der nächsten Minute tun ... Wer weiß?

Die philosophische Frage über das wahre und wirkliche Sein oder Nicht-Sein der Menschen steht nach Jahrtausenden noch immer offen. Warum nur lässt sich diese Neugier nicht befriedigen? Wir lernen und lernen dazu und fragen immer wieder nach dem Sinn des Lebens, versuchen, unsere Existenz zu beweisen und zu rechtfertigen ... wir warten auf ein Echo.

Wer Gutes ernten will, muss Bestes sähen. Das war schon immer so. Keine Kopie ist besser als das Original und von nichts kommt nichts. In der erlernten Erwartung *„was wir geben, kommt immer zurück"* erzeugen wir Positives. Und wir warten.

Wir stürzen uns in Events und erfühlen in diesem Gewühl Leben ... aber wo ist die Wirklichkeit? Mit uns allein gelassen suchen wir das Leben und finden uns verlassen ohne die erhoffte *Menge Mensch* um uns herum.

Erkennen wir uns selbst?

2 Licht im Dunkeln

Verdachtsmomente, dass Viele nur lügen,
in unsrer Seele zusammen sich fügen.

Wem können wir wirklich noch vertrauen?
Auf welche Aussagen können wir bauen?

Ob weit in der Welt oder nur ganz privat,
erkennbare Tiefe der Glauben nicht hat.

Wir sitzen zu Hause und schauen hinaus …
Wie sieht unsre Zukunft nun eigentlich aus?

Von Hoffnung getrieben nach vorn wir sehen,
von Zweifeln gebremst, da bleiben wir stehen.

Wir gehen durch Tunnel, am Ende ist Licht,
die Angst in uns warnt und wir hören sie nicht.

Gradlinig verfolgen wir weiter das Ziel.
Verlangen wir damit vom Leben zu viel?

Wollen wir so in den Tag hinein leben,
dem Zufall ein recht frohes Dasein geben?

Sollten wir nicht auf das Gute vertrauen
und stets auf ein friedliches Leben bauen?

Menschen reden über sich selbst oder andere oder das, was sie bewegt. Sie stimmen zu oder lehnen ab. Doch was denken sie wirklich?

Wir setzen eigentlich immer nur das Gute im Gegenüber voraus ... was sonst? Das Leben in einer Gesellschaft kann doch gar nicht anders funktionieren. Wenn Jeder Jedem misstraut und auf vorsätzliche Lügen wartet, kann es nicht einmal ansatzweise eine Chance für die Entstehung, geschweige denn die Weiterentwicklung eines Gesellschaftsmodells geben! Also glauben wir an die Gemeinschaft, um die Gesellschaft zu ermöglichen und darauf zu hoffen, dass es immer so weitergehen möge. Und dann ... oh weh ... müssen wir plötzlich erkennen, dass unsere Vorstellung, inmitten einer intakten Gemeinschaft unseren eigenen Stellenwert zu haben, an jeder Ecke marode ist ... durch Unwahrheiten, falsche Argumentationen, fadenscheinige Ausreden, allzu höfliche Entschuldigungen für dies und das ..., eben durch die Erkenntnis, dass jedes vermeintliche Mitglied dieser imaginären Modellgesellschaft nur um seinen eigenen Vorteil bemüht ist und somit unausweichlich zu einem gewohnheitsmäßigen Lügner mutiert. Wie schade ist das denn?

3   Im Raster

Neu und frisch in dieser Welt
lebt ein Mensch wie's ihm gefällt.

Kaum er dann zu stehen wagt,
Elternsorge ihn schon plagt.

Weiter wächst er schnell heran,
Zwänge hängen an ihm dran.

Essen soll man, wenn man muss!
Schreien? Damit ist nun Schluss!

Kleidung schreibt die Mama vor.
Papa ruft mit ihr im Chor:

Was wohl die Leute denken?
Die Kinder muss man lenken!

Löcherhosen sind verboten
und Nikotin in kleinen Dosen.

Sei ein liebes, nettes Kind,
weil wir gute Bürger sind.

Und mach' uns keine Schande,
sonst steh'n wir bald am Rande!

Der Blick in die Augen eines Babys vermittelt das Gefühl, in eine andere Welt zu schauen? Ja.

Fünf Sinne und die angeborene Neugier eines instinktiv lernwilligen Individuums sponsern den Automatismus der Entwicklung durch Wahrnehmen und Erfahren, doch Vorsicht! Wir erblicken die Welt und haben lebenserhaltende körperliche Funktionsmechanismen und intellektuelle Gaben, die im Zuge des Hineinwachsens in die Gesellschaft leicht verloren gehen können.

Somit liegt es in der Hand unserer Umgebung, also der Gesellschaft, in der wir gelandet sind, uns langsam und bewusst in die Struktur des Lebens in Gemeinschaften hinein zu geleiten.

Doch was passiert? Das unerfahrene, gutgläubige, alles aufnehmende kleine Individuum wird in den Rahmen der Vorstellung seiner Umgebung hineingepresst und nach statisch basierten Lernstrukturen förmlich dazu erzogen, seine Meinung nach dem Schema des Gefallens oder Nicht-Gefallens auszurichten.

Der Grundsatz erlernter Selbsterfahrung und eine neutrale Meinungsentwicklung ersticken.

4 Heldenhaft

In der Fantasie
sterben Helden nie!

In Schönheit erstrahlt,
mit Liebe geprahlt,

auf Wolken Schweben …
das ganze Leben.

Trotz wachem Verstand
außer Rand und Band.

Den Kopf durch die Wand …
in ein Märchenland!

Wir finden das toll,
sind des Glückes voll.

Doch bald wird uns klar:
Nur ein Traum das war!

Und der schönste Traum
hat ein Recht auf Raum.

Das ganze Leben
soll Platz ihm geben.

Es war einmal … und wenn sie nicht gestorben sind, dann leben sie heute noch … Träume von märchenhaften Entwicklungen haben wir alle früher oder später. Doch wann und wo holt uns immer wieder die Wirklichkeit ein?

Wir könnten uns ja auch einfach über den Moment im Jetzt und Hier freuen und jede dieser kleinen Episoden als Wunder einordnen. So ließe sich vielleicht die Besonderheit dieses kleinen Detailpunktes im Leben erkennen, anstatt ständig in der Zukunft Besseres zu suchen.

Damit müssten ja die Träume nicht verschwinden, aber die Sehnsucht nach Traumhaftem würde kleiner.

Wenn man zur Wirklichkeit Ja sagt, findet uns das Traumhafte sicherlich von ganz alleine, denn auch unsere Träume haben ihre Ursache in dem Leben, das uns umgibt, nicht aber in dem, was wir gar nicht kennen.

Lassen wir doch einfach unseren guten Kumpel mit seiner lieben Art etwas märchenhaft Schönes sein, dann wirkt der Märchenprinz auf einmal erreichbarer.

5 Hallelujah

Jeder kennt es,
doch wer weiß es?

Der Liebe so viel!
Was ist das Ziel?

Jeder kennt es,
doch wer weiß es?

Sie macht uns Mut!
Tut uns das gut?

Jeder kennt es,
doch wer weiß es?

Gefühl wird laut!
Man darauf baut?

Jeder kennt es,
doch wer weiß es?

Wir glauben ES!
Wir brauchen ES!

Jeder kennt es,
doch wer weiß es?

6   Liebesfrage

So viele Tage? Wie ist die Lage?

Wo soll denn hier die Liebe sein?
Wohin ging sie so ganz allein?

Was tun wir mit dem Traum?
Wo ist für HERZ noch Raum?

So viele Tage? Wie ist die Lage?

War alles denn nur heller Schein?
Das sollten Emotionen sein?

Ich glaube Dir das kaum!
Dein Wort vergeht wie Schaum!

So viele Tage? Wie ist die Lage?

Wer Dir was glaubt, der ist allein!
Wo soll denn da noch Liebe sein?

Ich wollte auf Dich bau'n!
Nie werd' ich mehr vertrau'n!

Wie viele Tage!
So ist die Lage!

7 Raupenleben

So klein und echt hässlich und unscheinbar
Dein Dasein als Raupe schon immer war.

Die Menschen schauen Dir mitleidig zu,
so mühselig krabbelst ganz langsam Du.

Egal, wo Du lebst, schnell passt Du Dich an,
dass niemand Dein Wesen erkennen kann.

Und Du drehst Dich herum, Du suchst ein Kleid
für den Tag, den hält das Leben bereit.

Du trägst ein heimliches Leben in Dir
und schützt es geschickt vor der Feinde Gier.

Du fristest Dein Dasein in der Stille,
als wär' es der bunten Schöpfung Wille.

Und da – auf einmal – wer hätt' es gedacht …
erstrahlt Dein Leben in glänzender Pracht!

Lange gefangen im Schutz der Hülle,
genießt Du das Leben nun in Fülle.

Schön bunt und prächtig, froh fliegst Du davon
von Blüte zu Blüte … die warten schon …

Kleider machen Leute ... rein optisch trifft das schon immer zu!

Oberflächlich visualisiert die Gesellschaft ihre Mitglieder. Eingeschätzt und abgeschätzt ... daraus resultiert oftmals schlicht *verschätzt*.

Nicht alles, was glänzt, ist Gold? Genau! Auch das weiß ein Jeder!

Warum schauen die Menschen nicht in die Tiefe des Gegenübers, sondern sehen immer nur das, was sich direkt erkennen lässt?

Sollten wir nicht allmählich aufhören, Täuschungen zu unterliegen, weil wir zu unaufmerksam sind, zu schnell urteilen?

Aus früheren Zeiten klingt es vielleicht noch in den Ohren ... ein Talent reift in der Stille?

Es ist doch so, dass häufig die positiven Eigenschaften nicht sofort sichtbar sind und ihre Zeit brauchen, um richtig gut zu werden, zu reifen wie ein Spitzenwein. Das alte Fass im Weinkeller ist hässlich, riecht und erinnert überhaupt nicht an einen guten Tropfen ... aber später ... tja ... der Wein ist reif und dekantiert und ... der Genießer ist entzückt.

Wer Urteile fällt, sollte zuvor erforschen, was er wirklich wahrnimmt.

8 Lebenszug

Ein Zug saust vorbei … was ist in ihm drin?
Wo treibt es ihn nur in dem Tempo hin?

Wen oder Was nimmt er mit auf die Fahrt?
An Tempo auf jeden Fall er nicht spart!

Egal, was passiert, er schützt seine Fracht,
auch wenn wir's ergründen wollen, mit Macht.

An jedem Halt nimmt er Dies und Das auf.
Reisendes Leben nimmt so seinen Lauf.

Man steht an Bahnhof und wartet auf Wen?
Wird ER … unser Traum … am Ende da steh'n?

Noch ist alles im Zug gut verborgen.
Machen wir uns jetzt richtige Sorgen?

Die Türen öffnen sich quietschend und laut,
auf Menschengedränge man plötzlich schaut.

Doch wo ist mein Traum? So wie ich ihn sah?
Ich glaube es kaum! Er steht wirklich da!

Der Zug gab ihn frei. Welch ein großes Glück!
Endlich … die Liebe kehrt zu mir zurück!

Wir laufen durch die Stadt und suchen etwas. Aber was eigentlich? Wir verweilen hier und da, suchen den Sinn unseres Handelns. Wir fragen: Wohin führt der Tag?

Aber es gibt keine Antwort für uns. Hilflos schauen wir uns um. Menschen rasen an uns vorbei. Jeder hat offenbar ein Ziel vor Augen, läuft planvoll irgendwo hin … nur wir nicht!?

Autos, Busse, Züge rechts und links … voller Menschen, die zu ihrem Ziel gebracht werden. Wir nehmen die Maschinerie des Bewegens wahr. Der Pulsschlag der Menge wird lauter!

Trubel um uns herum … wir sind ganz ruhig.

Wartet jemand auf die Menschen in den Bussen und Zügen? Wissen die in den Autos, zu wem sie fahren, … und freuen sich die Wartenden?

Was mag sie bewegen, alle diese Teilchen einer wogenden Masse?

Irgendwo stehen immer Menschen, die auf die baldige Ankunft von Menschen hoffen. Gespannt blicken sie dem Kommenden entgegen.

An Bahnhöfen umarmen sich Wartende und Ankommende. Ihre Erwartung ist vielleicht erfüllt worden. Sie wirken glücklich …

9 Glückstück

Kein großes Gepäck für den Laderaum
und im vorderen Trakt mein großer Traum.

Ich kannte ihn nur als Internetflirt,
den Mann, dem hatte mein Herz schon gehört.

Mein Skypegeheimnis ... da kam es nun an!
Und siehe nur ... da ... es war alles dran!

Doch nach ein paar Jahren stellte sich raus:
Mit dem großen Traum war es ehrlich aus!

Man hatte sich auseinandergelebt,
Gemeinsamkeit war wohl niemals erstrebt.

Am Ende, da frage ich mich als Frau:
Wer ist der Typ, dem ich besser nicht trau'?

War er tatsächlich richtig verlogen?
Hat er aus Hobby Frauen betrogen?

Antworten, die ich wohl niemals mehr find'.
Auf jeden Fall bin ich nie mehr so blind!

Die Lüge versteckt, er war gut getarnt,
hatte blitzschnell meine Seele umgarnt.

Das „Glückstück" war eine der größten Enttäuschungen meines Lebens! Als Autorin dieser Gedichte darf ich an dieser Stelle bemerken, dass ich über meine eigenen Erfahrungen und direkt aus meinem eigenen Leben schreibe. Immer! Es heißt, sich etwas „von der Seele schreiben" ... doch das ist nur bedingt möglich. Gut, bei dem Versuch, die Gedanken einzufangen, stellt sich letztlich heraus, dass man Luft in ein Glas gesperrt hat. Erlebtes fixieren, um es aufzuarbeiten, ... nee, das klappt nicht wirklich! Glauben Sie mir einfach.

Aber die Gedanken fliegen lassen und sich mit ihnen austauschen, wenn sie zurückkommen, könnte ein guter Weg sein, sich selbst besser zu verstehen, die eigenen Handlungen von JETZT auch dann noch zu verstehen, wenn das HEUTE schon vorbei ist ... morgen ....

Frauen sind empfänglich für jede Art der Schmeichelei, dafür müssen sie nicht erst verliebt sein. Dann sind sie ausgeliefert, sich selbst und ihren Träumen. Was davon dann wahr wird, ist manchmal eher ein Alptraum!

Woran das liegt? Wir wollen uns ja verlieben und in dieser Welt der Emotionen leben. Verliebtheit ist eben nicht die wirkliche Liebe?

10 Weltblick

Gut gelaunt, fröhlich erblickt es die Welt,
das Kind, das jetzt schon jedem gefällt.

Alle sind lieb und nett, ganz schnell vertraut.
Naiv und ehrlich das Kind um sich schaut.

Da plötzlich erkennt es: Das ist nicht echt.
Die Seele versteckt, sind Leute oft schlecht.

Ein nettes Lachen, ein freundlicher Blick,
doch was sie verbergen, ist oft nicht schick.

Du kannst nur schauen bis knapp vor die Stirn.
Schön ist das Gesicht, doch wer lenkt das Hirn?

Die Wahrheit ist das, was niemand mehr sieht,
dass immer wieder dasselbe geschieht:

Verstecken, verkleiden … das ganze Jahr,
ohne, dass Platz für die Wirklichkeit war?

Ein Nest voller Masken, sie werden mehr,
ein Leben mit Offenheit ist echt schwer.

Was sollen wir den Kindern nur sagen,
damit den Blick in die Welt sie wagen?

Da ist es, das Geschenk … ein kleiner Mensch, der die Arena des Lebens betritt. neugierig auf alles, was kommt, einfach süß.

Und irgendwie wissend und doch hilflos.

Es glaubt an das Gute in jeder Bewegung und nimmt alles als wissenswert in sich auf. Lernen ist gut. So lebst es hinein in seine neue Daseinsform des Heranwachsenden.

Glück erfordert Rückhalt und Beständigkeit. Doch die Umgebung lehrt oft leider andere Facetten wie Anforderungen, die in Leistungsdruck ausarten, Kritik, wenn es mal nicht so läuft wie geplant und am Ende auch noch erschreckende Unwahrheiten von und über Menschen, denen es blind vertraute.

Was soll es tun? Wohin soll das führen? Wen kann es fragen? Wo ist ein Vorbild?

Und hier ist der entscheidende Augenblick, in dem der reife und erfahrene Erwachsene seine wirkliche Aufgabe wahrnehmen muss: Da sein, wenn das kleine Wesen ihn braucht!

Das Kinderleben ist wie eine Sonne, die nach jedem Unwetter immer wieder neu erstrahlt, bis sie mit dem Erwachsenwerden oft ihre Kraft verliert. Wie sage ich das meinem Kinde?

11 Herz oder Stein

Es klopft, als wenn es schreit.
Die Töne fliegen weit.

Doch woher kommt der Schlag
ganz treu und jeden Tag?

Du fühlst, Du hast ein Herz,
und das empfindet Schmerz.

Du hattest es verschenkt,
zum Partnerherz gelenkt.

Du wusstest nicht sogleich:
Dein Herz war viel zu weich!

Wie konnte das nur sein?
Das andre ist ein Stein!

Versteckte sich und log.
Du stecktest in dem Sog.

Du wurdest so verletzt.
Dein Herz ist jetzt besetzt.

Besetzt von Dir allein.
Kein andrer soll dort sein!

Herzklopfen? Manchmal gefällt uns das nicht wirklich. Es kommt eben immer darauf an, warum wir plötzlich spüren, dass wir es haben … das Herz!

Emotionen … sind einfach da, ob wir sie nun wollen oder nicht. Und sie sorgen immer dafür, dass wir wissen: Wir haben ein Herz!

Herz-Schmerz? Tja, ein Herz bebt leider nicht immer nur aus guten Gründen. Klopfen ja, aber was zu laut und zu schnell wird, kann nicht gut sein. Betrogene Herzen schmerzen! Das weiß jeder! Und Wut darüber … Wer die nicht empfindet und wessen Herz darauf nicht antwortet, kann nicht echt sein!

Vieles lässt sich verbergen, vor der Welt verstecken, nicht aber vor unserem Herzen! Es ist bei uns und kennt uns genau, solange wir leben. Unser Herz teilt alle Gefühle mit uns, jede Erfahrung, jedes Wissen um Gutes und Böses. Und wir lieben es sehr … wenn wir es nicht spüren!

Aber sollten wir nicht immer daran denken, dass es bei uns ist und wir so mit uns selbst zusammen sind und deshalb nie allein?

12 Rahmenlos

In einem Raster wohl sortiert
man seltener sich selbst verliert.

Man kennt den eignen Platz genau,
schützt und verteidigt ihn sehr schlau.

Verborgen wie ein großer Schatz
an einem ganz geheimen Platz

verhält man sich vorsichtig, still,
erkannt sein man nicht wirklich will.

Von da drinnen lässt sich lenken,
was und wie die Andern denken.

Wem nur sollte man wohl zeigen
welche Träume sind sein Eigen?

Wer darf denn tatsächlich wissen,
WAS WIR eigentlich vermissen?

Die Fassade bleibt bestehen,
auch wenn wir die Liebe sehen.

Viel zu oft wurde gelogen
und das eigne Herz betrogen!

Solange Platz zum Träumen da ist und sich schnelle, kurze Wege finden lassen, um die Realität zu *verhübschen* ... in der Nebenwelt Traum, solange sind wir glücklich.

Aber, oh je, wehe wenn wir vor verschlossener Tür stehen und nicht aus der Welt der Wahrheit entfliehen können, und sei es nur für Sekunden, spätestens dann ergreift die Sehnsucht Besitz von uns, Sehnsucht nach Schönheit, Frieden, Ruhe, Gelassenheit, Vollkommenheit und am Ende nach Gerechtigkeit. Es geht uns nicht gut!

Was uns fehlt, wissen wir nicht genau. Selbst, wenn wir es zeigen wollten, könnten wir es nicht in die richtigen Worte kleiden ... oder sowieso würde uns ja niemand richtig verstehen ... das ist so, wir kennen es nicht anders.

Und überhaupt, wen geht es etwas an, was in uns tobt? Gedanken sind frei. Aber führt uns diese Freiheit zum Ziel? Wissen wir am Ende noch, wohin wir wollten? WAS WIR suchten?

Fragen über Fragen und immer wieder keine Antworten, außer ... wenn wir verliebt sind! Dann gibt es oft viele tausend Antworten auf null Fragen! Verrückt?

13 Zu zweit allein

Was sitzt denn da nur neben Dir?
Mit welchem Menschen leben wir?

Erkennen wir noch, wer das ist?
Haben wir Jemanden vermisst?

Sind wir zusammen wirklich gern?
Ist dieser Wunsch vielleicht schon fern?

Waren wir hier nie zu Hause?
Hat die Liebe eine Pause?

Dürfen wir den andren stören?
Können wir einander hören?

Wo ist das uns Bekannte hin?
Macht das Zusammensein noch Sinn?

Immer wieder neue Fragen!
Ungewissheit will uns plagen!

Ich schaue Dir in Dein Gesicht.
Doch finden kann ich Dich dort nicht!

Geht es genauso Dir mit mir?
Was sitzen wir denn dann noch hier?

Wir kennen unser Leben? Eigentlich schon. Doch dann, eines Tages, kommen Zweifel auf, ob es auch wirklich unser eigenes Leben ist, was wir da täglich neu starten. Der Mensch, mit dem wir Tag für Tag gemeinsam den gleichen Rhythmus erzeugen, ist auf einmal vollkommen unbekannt. Wir suchen im Gegenüber und im Nebenan, wer dieses WIR ist. Haben wir uns bereits im täglichen GEMEINSAM verloren?

Unser Zuhause wird zu eng, der Job ist ohne Spaß und Null-Bock-Laune macht sich breit. Wir suchen, was stört und finden heraus, dass nicht einmal mehr klar ist, was eigentlich wirklich unser WUNSCHLEBEN war … oder ist.

Es ist nicht mehr zu übersehen: Die Richtung hat gewechselt. Die Darsteller haben sich verändert, obwohl die Besetzung dieselbe ist. Unmerklich wurden wir im Bewältigungsstress in eine andere Rolle gepresst. Pech?

Nein, warum?

Schwierigkeiten sind da, um überwunden zu werden. Das weiß jeder Leistungssportler.

Warum also nicht den Alltag sportlich positiv bewerten? Sportler sind ja auch nicht täglich in Hochform!

14 Traumbild

Trau … Schau … Wem? Wer kennt das nicht?
Ins Dunkel bringen Träume Licht.

Ganz fest im Blick behalt Dein Ziel!
Vielleicht ist es schon bald ein Spiel.

Du und ich? Das war ganz herrlich?
War die Liebe wirklich ehrlich?

Weiterfliegen zu den Sternen,
in unendlich weiten Fernen.

Wir sind treu für alle Zeiten,
Liebe für die Ewigkeiten.

Plötzlich gibt es ein Gewitter,
Wahrheit ist oft sehr, sehr bitter.

Mann, wie ich Dich jetzt sehen muss …
wohl besser, ich mach sofort Schluss!

Von IRGENDWO kamst Du daher!
Wer warst Du damals für mich? Wer?

Träumten wir ein Zusammensein?
Blitzartig, schnell sind wir allein!

Im Krieg und in der Liebe ist alles erlaubt. Cool. Bedauerlicherweise wird diese Floskel häufig zu allem Überfluss auch noch falsch verstanden. Und dann sind sie alle traurig und unglücklich. Keiner versteht nix!?

Selbstvergessen rasen wir mit Hochgeschwindigkeit in das schillernde Universum der großen Liebe. Kein Stern am Himmel ist zu weit weg. Wir können jedes Ziel erreichen. Gemeinsam! Nur wer sind die, die da glauben, gemeinsam nicht einsam zu sein? Zeitvergessen und haltlos in raumloser Weite schweben Herz und Sinne hinfort … verweilen in der Ferne und kehren nur mit viel Glück wohlbehalten und immer noch fröhlich verliebt auf den Boden der Tatsachen zurück.

Aber hält das Hochgefühl der Fluglust dem Alltag am Boden auch Stand? Das wird die Zukunft bringen. Das zu erreichen, ist eine Kunst! Ein einziges Leben reicht vielleicht nicht so ganz aus, um *Glück* wirklich zu *können*.

Ohne die Erkenntnis, dass Einsamkeit nur dann vermieden werden kann, wenn jeder sich selbst genügt, irren wir weiter durch die Selbstvergessenheit.

Wie sollen sich da andere Menschen jemals an uns erinnern?

15 Herzgeflüster

Leise Stimmen höre ich,
kann es sein, ich höre Dich?

Du flüsterst, wisperst leise,
mein Herz geht auf die Reise.

Schwerelos, ich glaube Dir,
Schmetterlinge sind in mir.

Glücklich wie am ersten Tag,
ich in Deinen Armen lag.

Unsanft wurde ich geweckt,
Lügen hatte ich entdeckt.

Prinz ... ich hatte ihm geglaubt,
beste Freundin ... schnell geraubt.

Wusste nicht mehr, was ich tu,
Reine Lüge, das warst Du!

Liebe ist so groß, macht reich,
wenn Gefühle bleiben gleich.

Wer gibt uns die Garantie?
Glaube schönen Worten nie!

Es ist nicht immer Gold, was glänzt? Nicht einmal Silber! Also Vorsicht, wenn allzu Schönes unerwartet unser Leben streift. Nicht gleich jubeln.

Immer erst richtig hinschauen und prüfen, was sich wirklich hinter der Schönheit dieser Maske verbergen könnte.

Noch Schöneres ... mag sein. Ein schönes Wort alleine reicht ja manchmal schon aus, um Glückshormone zu produzieren. Die Schmetterlinge in unserem Bauch sind schon weit davon entfernt, jemals eine Raupe gewesen zu sein. Sie tragen uns mit sich fort in Horizonte der Glückseligkeit. Wow.

Vertrauen wir einem intakten Fallschirm oder im Zweifel darauf, dass jemand ein Sprungtuch für uns vorbereitet. Denn wer hoch fliegt, kann ja bekanntlich ziemlich tief fallen. Blauäugigkeit ist nicht zu verwechseln mit blauen Augen. Nur leider organisiert man in den wenigsten Fällen vor dem Abflug die Landung. Über ein halbes Jahrhundert lang gesammelte Lebenserfahrung sagen mir ... wir sind naiv ... immer wieder!

Es darf geschmunzelt werden.

Fallen wir nicht alle immer wieder mal unsanft auf den Boden der Tatsachen!?

16 Abwehr

Nichts wollte ich mehr glauben,
der Liebe Hoffnung rauben.

Traurig war ich nun gestimmt,
MANN sich so nicht recht benimmt!

Liebe … Hilfe … will ich nicht!
Lügen frei in mein Gesicht!

Ist es besser ganz allein?
Niemals mehr betrogen sein?

Abwehr sollte ganz gezielt
schützen, was das Herz befiehlt.

Ständig … immer auf der Hut?
Nein, das wäre auch nicht gut.

Wir müssen doch mal leben
und wieder Hoffnung geben.

Die Show geht immer weiter,
doch wirklich lieber heiter!

Glücklich woll'n wir wieder sein!
Abenteuer … das muss sein!

Auch gegen schädigende Eindringlinge der Liebe braucht unsere Seele eine schützende Systemkette zur Wahrung ihrer eigenen Immunität. Ein zielorientierter Abwehrmechanismus sollte sich hier als sinnvoll erweisen können.

Gesichtskontrollen für Lügner kennt unser Innerstes nicht wirklich. Aber es ist klug genug, sich das Angriffsmuster zu merken, um bei erneutem Auftreten zu einem späteren Zeitpunkt schneller und stärker darauf reagieren zu können … wenn wir es zulassen.

Und denken wir daran: Niemals zeigen, was wir alles so wissen. Denn nur, wenn wir das Muster des Angreifers erkennen und uns vorsichtig an ihn anpassen, wird er sich letztendlich besiegen lassen. Machen wir uns das Prinzip unserer Immunzellen zu Eigen.

Maskieren wir uns, damit wir unerkannt zur Gegenwehr übergehen und die List des Angreifers gegen ihn selbst wenden können.

Er wird heulend das Weite suchen und … es vielleicht woanders mit einer neuen Lüge versuchen?

Korrupte Menschen glauben nur, sie seien schlau …

17 Zweifel

Ich traute meinen Augen kaum,
da stand der Mann aus meinem Traum.

Eigene Augen lügen nicht,
wie schön ist er, wie ein Gedicht.

Doch ich will keine Liebe mehr.
Ent-Täuschung ist mir doch zu schwer.

Im Lauf der Zeit war ich bereit
für endlos kühle Einsamkeit.

Ich fühlte mich stark, sah weit fort,
den Blick auf einen fernen Ort.

Alle Gefühle gut versteckt,
will ich, dass keiner mich entdeckt.

Was hab' ich schon zu verlieren ...
wo noch weiter rumprobieren?

Fröhlich immer weiter suchen,
Ehrlichkeit im Leben buchen?

Eigentlich wünsch' ich mir Liebe,
die auch wirklich bei mir bliebe.

Zweifel versetzen unsere Gefühlswelt in einen anfänglich nicht steuerbaren Zustand des Abwägens und der Unentschiedenheit. Wir wissen nicht, was wir von etwas halten sollen, das wir als gut kennen gelernt haben und was sich im Nachhinein als schlecht erwiesen hat. Wir schwanken hin und her zwischen dem Denkmuster, das als ein Ergebnis unserer Ent-Täuschung in uns haften blieb und so ein Übergewicht entwickelt hat. Unsere objektive Wahrnehmung ist stark getrübt und kann nur noch Abwehrhaltungen erzeugen. Der eigenen Erkenntnisfähigkeit erst mal Zweifel beizubringen, dient alleine dem Selbstschutz.

Die Immunisierung der Gefühle ist ein Resultat der bewiesenen Vorteilsnahme egoistisch orientierter Charaktere, die sich zum dauerhaften Lebenszweck gemacht haben, andere Individuen auszunutzen. Natürlich werden die dabei alle nicht glücklich. Aber das Schlimmste daran ist: Sie machen immer weiter mit diesem Muster, so dass Zweifel niemals werden enden können.

Die Notwendigkeit, ständig auf gemachte Erfahrungen zurückgreifen zu müssen, um intuitive Fehler nicht dauernd zu wiederholen, schränkt die Liebesfähigkeit enorm ein.

18 Suche

Ich laufe durch die Gassen,
bin einsam und verlassen.

Suche Dich, sag‘, wo bist Du?
Find‘ Dich nicht, wer hört mir zu?

Will reden, diskutieren,
mich im Gespräch verlieren.

Ich bin stark, doch such‘ ich Dich,
Du warst ein Planet für mich.

Nun bin ich ein kleiner Stern,
Sonne, Erde, Mond sind fern.

Ziellos fliege ich umher,
alleine durch das Sternenmeer.

Jeder denkt, ich strahle hell …
Einsamkeit! Sie leuchtet grell!

Auf meiner langen Reise
zieh‘ ich so viele Kreise.

Schenke mir ein wenig Zeit,
eine kleine Ewigkeit.

Die universelle Suche nach einem Menschen, dessen Eigenschaften eigene Defizite ausgleichen können, versinkt in der Floskel *bessere Hälfte*, was zwangsläufig reflektiert, dass ein Mensch alleine nicht komplett ist, elementare Teilchen fehlen.

Und tatsächlich, in der griechischen Mythologie ist die Rede von kugelförmigen Menschen mit vier Händen, vier Füßen und zwei Gesichtern mit jeweils zwei Ohren auf nur einem Kopf. Zudem spricht man von drei Geschlechtern pro Kugelwesen ... männlich, weiblich, aber auch zweigeschlechtlich.

Diese Wesen in ihrer Gesamtheit waren stark und mutig. Dem Zeus war das gar nicht recht. So wollte er sie schwächen, indem er sie halbierte. Die geteilten Wesen litten sehr unter ihrer Unvollständigkeit und wurden beinahe lebensunfähig. Seither suchen sie nach der einstigen Vollkommenheit durch Vereinigung mit ihrer verlorenen Hälfte ... Wo immer diese auch sein mag ... die Suche geht weiter.

Begegnungen, die zu ganzheitlichem Glück führen, sind aber offenbar heute so selten geworden, dass wir als Individuen an unserer Selbstfindung arbeiten sollten, um vielleicht endlich auch in uns selbst Eins zu werden.

19 Vertrauen

Auf Liebe und Vertrau'n
versuch' ich neu zu bau'n.

Hoffnung, Freiheit, Glaube
uns're Friedenstaube.

Allein die Zukunft zählt,
drum hab' ich sie gewählt.

Ich liebe das Leben
und will so viel geben.

Kann ich auf Dich zählen?
Soll Zweifel mich quälen?

Bist Du ehrlich zu mir?
Warum glaube ich Dir?

Kenn' ich Dein wahres Ich?
Lohnt mein Vertrauen sich?

Ich hab' tausend Fragen.
Soll ich das echt wagen?

In Dein Herz will ich seh'n.
Für immer zu Dir steh'n.

Wenn wir tief in uns die Überzeugung verspüren, das etwas richtig und wahr ist, ehrlich gemeint und mit guter Absicht geschieht, dann ist das Vertrauen. Ob wir nun einer anderen Person oder uns selbst vertrauen, mag hierbei außer Acht bleiben.

Fakt ist, dass Vertrauen einen positiven Grundgedanken voraussetzt, also eine Basis existiert, die Misstrauen ausschließen könnte. Doch wann und wo ist das schon so?

Menschen werden so oft *ent-täuscht*, dass ein grundsätzliches, als gesund bezeichnetes Misstrauen oft verhütende oder rettende Wirkung haben kann.

Sicherlich erhoffen wir uns immer wieder, dass eben dieses nicht notwendig wird. Aber der Ursprung des Vertrauens liegt eben in interpersonellen Beziehungen.

Erfahrungen und früher Erlebtes prägen das persönliche Empfinden und lenken den Blick auf ein gegenseitiges Verstehen, treibt die Suche nach dem Gefühl, Jemand zu finden, der da ist, wenn er gebraucht wird, immer weiter voran.

Ein klarer Blick tief in den Abgrund der Seele hilft bei der Entscheidungsfindung.

20 Immertreu

Von Blüte zu Blüte schwebt er dahin
so glücklich und bunt wie ein Schmetterling.

Die Blumen schau'n sehnsüchtig hinterher
und sind sich sicher: Ihr Leben ist schwer!

So fliegt er davon … ganz leicht durch die Luft,
wird sicher getragen von ihrem Duft.

Und bald kann er sich nicht mehr entscheiden!
Bei welcher Blüte soll er nun bleiben?

Da war sie, sein herzallerliebstes Ziel,
doch er offenbar ihr gar nicht gefiel.

Er ist schon mutlos, fliegt aber weiter
schnell mit dem Wind und bleibt dabei heiter.

Keiner soll sehen, wie er sich jetzt fühlt,
welche Angst tief unten im Herzen wühlt.

Er versteckt sich gut und gibt niemals preis,
was über das Leben er jetzt schon weiß.

Und endlich setzt er sich völlig entzückt
auf eine Blüte und wird ganz verrückt.

Immertreu ... eine sagenumwobene kleine weiße Blume ... blühte zu allen Jahreszeiten, *immerweiß* wie Schnee, also verbunden mit ewiger Reinheit, aber nicht unsterblich.

Nie hat sie wahrscheinlich einen der wunderschönen bunten Schmetterlinge gesehen, die fröhlich von Blüte zu Blüte schweben und hier und da verweilen.

Und ob ER sich wirklich einen dauerhaften Landeplatz suchen sollte, ... Er ist zwar zwischendurch rastlos und müde, dennoch genießt er unbestritten die große Vielfalt seiner nie endenden Möglichkeiten.

Aber Vorsicht: Schmetterlinge leben seit jeher in einer Zweckgemeinschaft mit der Blumenwelt ... ohne die Flüssignahrung Nektar müssen die Flieger verhungern. Als Ausgleich für den Nektar verteilen sie doch die Blütenpollen in die Umwelt und sorgen so für neue Blümchen.

Wenn sich nun der Schmetterling brav für eine einzige Blüte entscheiden würde, was wäre das Los der anderen immer treuen Blumen und vieler Schmetterlinge, die sich ihrerseits möglicherweise ebenfalls für einen festen Standort entscheiden könnten ... wollten ... sollten ... müssten ...?

21 Jetzt

In stetem Wandel
leben wir!

Verständnis, Liebe ...
die sind hier!

Aus Gestern man viel
lernen kann!

Doch fangen wir gern
Neues an!

Die Zukunft ruft, doch
was ist JETZT?

Doch Neugier uns schnell
vorwärts hetzt!

Die Gegenwart ist jetzt schon Vergangenheit, wobei die Grenzen nicht klar definiert werden können. Die nächste Sekunde ist schon jetzt die Zukunft. Wir nehmen uns jetzt wahr und erinnern uns schon in der nächsten Sekunde daran und gleichzeitig sind wir schon in der Zukunft vom ehemaligen JETZT. Ein eigentlich wirklich zeitloser Prozess der beinahe nicht messbaren Geschwindigkeit der Wandlung.

Im übertragenen Sinn bedeutet das doch, dass die zukünftigen Geschehen auf der subjektiven Wahrnehmung der Gegenwart basieren, die ihrerseits wiederum die Basis zumeist im Vergangenen hat.

Also ist es gut, immer bewusst im HIER und JETZT zu leben, um die Vergangenheit verstehen und im fast selben Moment die Zukunft positiv in Empfang nehmen zu können.

Wenn wir wissen, woher wir kommen und wo wir sind, dann können wir auch entscheiden, wohin wir wollen.

22 Weg x Zeit

Schau in die Welt
mit viel Bedacht

Deine Seele
ist gut bewacht

Träume davon
wohin Du fliegst

Lebe alles
was Du auch liebst

Bleibe glücklich
im JETZT und HIER

Sei voll Liebe
sie bleibt bei Dir

Reise gerne
zu jeder Zeit

Ein guter Weg
ist nie zu weit

Entfernungen sind irrelevant, wenn der Weg das Ziel bleibt, wie es so schön heißt.

Wir sind hier und bewegen uns in einer bestimmten Zeit woandershin.

Der zeitliche Verlauf der Bewegung wird bestimmt von den örtlich vorliegenden Anfangsbedingungen der Wunschzeit bis zur Erreichung des Wegstreckenziels.

Während der Nullpunkt des Weges frei wählbar ist, orientiert sich der Faktor Zeit sodann an der Entfernung zum Zielort. Der Faktor Zeit ist also variabel und unter Zugrundelegung des Standortes im Verhältnis zum zu bewegenden Objekt, das sich zu verschiedenen Zeiten am selben Ort befinden und diesen nicht ohne Zeitverlust wechseln kann, ermittelbar.

Es gilt also festzustellen, WER wir sind und WO wir sind und WOHIN wir wollen!

Nehmen wir uns nicht die Zeit, Schauplätze und Sichtweisen zu ändern, werden wir diese Fragen für uns nie beantworten können.

Im Ergebnis treten wir dann auf der Stelle!

Denn: Der Geist bewegt die Materie, diese muss sich aber auch bewegen lassen!

23 ER

ich sitze so da
das Fenster ist auf
ich sitze so da
und schaue hinaus

ich bin so allein
die Luft ist ganz kalt
ich bin so allein
der Herzschlag so laut

die Liebe warst du
ich halte dich fest
die Liebe warst du
bin nur noch der Rest

ich suche nach dir
mein Herz ... ich bin hier
ich suche nach dir
mein einziger Stern

in der neuen Welt
ohne uns und mich
in der neuen Welt
liebt EINER dich

die Liebe war hier

und nun ist sie fort

ich wüsste so gern

wohin sie verschwand

ich liebte dich so

und hoffte auf mehr

bin wieder allein

war alles nur Schein

du bist nicht bei mir

bist irgendwo dort

ganz klein und so fern

mit IHM Hand in Hand

mit dir war ich froh

jetzt bin ich so leer

bin wieder allein

war alles nur Schein

24 Worte

Worte liegen schnell im Mund.
Suche gut nach ihrem Grund.

Wasser fließt sehr schnell dahin,
so auch Worte ohne Sinn!

Richtig ist der Worte Wahl,
wenn das Herz sie Dir befahl.

Gib dem guten Wort viel Raum.
Schlechtes halte gut im Zaum.

Gute Worte brauchen Herz,
sonst bereiten sie nur Schmerz.

Floskeln sind ein netter Zug,
leider sind sie oft Betrug.

Glück und Freude sind so leicht,
jeden Menschen man erreicht.

Schöne Sprache ... schütze sie.
Menschlichkeit ... vergiss sie nie.

Habe stets ein gutes Wort
immer und an jedem Ort!

Unbedachte Wortwahl zeigt einerseits Gleichgültigkeit … andererseits Sorglosigkeit. Oder spiegeln ziellos dahinperlende Worte nur den frommen Wunsch wider, einfach höflich zu sein? Keineswegs können sie die Basis für eine sinnvolle Kommunikation sein. Eher stören sie den Versuch, menschliches Miteinander zu praktizieren.

Die sinnfreie Ausschmückung eigentlich einfacher Zusammenhänge schlägt offensichtlich infolge des Bemühens der Akteure um in eine gestelzte Ausdrucksform ohne Tragweite und tiefgreifende Bedeutung.

Wie wird Bedeutungsverlust vermieden? Tja, das fragt sich wohl eher niemand, es sei denn, er hat schon unter leeren Phrasen gelitten. Und das geschieht täglich und immer und immer wieder. Menschen verletzen sich gegenseitig durch Unüberlegtheit oder schlichtes Desinteresse.

Warum sollten wir nicht die Möglichkeiten der Verbalisierung nutzen und bewusst und ehrlich nett zueinander sein? Zu schwer? Nur, weil ein Mensch nicht interessant genug ist oder die chemische Basis keine Freundschaft vermittelt, darf man dennoch ehrlich und trotzdem freundlich sein!

25 Echt

Ich sitze vorm Spiegel, schaue mich an,
frag', ob ich mich neu erfinden kann.

Tage beginnen jeden Tag neu,
Zeiten, auf die Ich mich immer freu'.

Ich suche Make-up, Farben und mehr.
Ich habe Spaß, ist wirklich nicht schwer.

Was wird am Ende damit versteckt?
Masken sind schön, garantiert perfekt.

So kennt mich jeder, so bin ich wer.
Wer will ich sein? Beschäftigt mich sehr!

Für Schönes nur Akzente setzen
und Schwaches schonen, nicht verletzen!

Zusammen, zu zweit, sind sie echt gut,
komplett und schön und cool, voller Mut.

Ich finde sie nicht, die Fassade,
erstrahlt, glänzt im Licht der Maske nicht.

Behaupte mit Recht: Hab' nichts versteckt!
Bin immer noch ICH und ganz korrekt!

Sich täglich neu erfinden ist wohl eine der wichtigsten Aufgaben an jedem Morgen. Aber Vorsicht: Wir sind, wie und wer wir sind! Warum sollten wir das ändern wollen? Damit wir uns schnell und laut darüber beschweren müssen, dass die anderen uns nicht richtig kennen, sich uns gegenüber falsch verhalten, uns nie verstehen? Völlige Zeitverschwendung!

Make-up hat nicht nur eine traditionsreiche Geschichte als Körperdekoration, sondern auch rein physiologische und damit verbunden oft psychologische Hintergründe. Mehr Attraktivität, betonen symmetrischer Faktoren oder optische Verbesserung des Hautzustandes … der Betrachter sucht den Fixpunkt im gewohnten Standard.

Gepflegt ist gesund? Was ist Trend? Ebenmäßige Haut ist anziehend? Schminke als Sozialstatus? Make-up als Indiz für Kulturverstand, guten Geschmack? Ja, schon. Schönheit, Jugendlichkeit, Gesundheit, Gefühl für Veränderung, Steigerung der Selbstwahrnehmung … subjektive Einflussnahme auf die Wunschform vom ICH.

Wenn wir uns dabei nicht aus den Augen verlieren, ist es gut so!

26 Gefunden

Lange geflogen, den Blick nach vorn,
alles verschoben, wie neu gebor'n.

So schaukelt der Vogel durch die Luft,
genießt der Blumen reizenden Duft.

Und wo es ihm besonders gefällt,
er gerne und kurz mal innehält.

Doch Achtung: Zu lange bleibt er nicht!
Er scheut der Wonne strahlendes Licht.

Besser schnell flüchten nach irgendwo!
Immer derselbe Ort macht nicht froh!

Doch was ist denn das? Es stürmt doch sehr.
Das Fliegen wird auf einmal so schwer?

Angstvoll blickt er nun um sich herum.
Dauernd zu flüchten war wirklich dumm.

War da nicht ein gemütlicher Ort?
Ob man sich freut, wenn er bliebe dort?

Suchend fliegt er nun eilig zurück.
Findet er wieder sein neues Glück?

Sekunden, in denen wir einfach keine Lust haben, die Richtung zu wechseln … eine Entscheidung zu treffen, zu bleiben oder zu gehen … Warum hält uns eine Situation fest?

Ist es zu schwer, dem Leben eine Kehrtwende zu geben?

Fehlt nur der Mut? Oder entscheidet wieder der Kopf und nicht das Herz?

Was wäre, wenn wir den vertrauten Weg verlassen und das Neue, Ungewisse versuchen würden?

Oder warten wir darauf, von eben dieser, uns so bekannten Gewohnheitsmäßigkeit enttäuscht zu werden, damit wir einem für uns noch fremden Blickwinkel eine Chance geben?

Wäre … Hätte … Was hilft's? NIX!

Gelegenheiten zu verpassen, gehört zum Leben dazu. Chancen nicht genutzt zu haben, kann auch positiv sein, denn eine Lösung muss immer gefunden werden. Das bedeutet strukturierte Aktivitäten, die aber … präzise geplant … Zufallstreffer landen können. Cool?

Also, warum nicht auch mal umkehren und vom altvertrauten Startplatz neue Ziele ins Auge fassen?

Making-of

Wie entstand die Idee zu diesem Buch? Eigentlich ist es immer so, dass ich situativ Gedichte schreibe, sie irgendwann sortiere und dann passende Titel dazu überlege. Diesmal war es anders.

Auf einem Junggesellenabschied trugen die Mädels Masken, auch Elena Wagner. Danach hing ihre Maske am Spiegel herum. Eines Tages meinte sie zu mir, ob ich ein Foto davon nicht für irgendeines meiner Bücher verwenden wollte. Gesagt, getan ... nur, dass ich eine Maske ohne was drin nicht so prickelnd fand. Also beschäftigte sich Elena mit der Kreation des Maskengeheimnisses. Ich dagegen begann, Gedichte zum Thema Maske zu verfassen ... und fühlte mich wie bei einer Auftragsarbeit. Aber mit dem Schreiben kamen die Ideen. Und nun sind wir gespannt, wie die Kreationen aus dieser Idee auf die Menschen wirken.

Eigentlich wissen wir alle um solche Situationen, die ich hier beleuchte.

Sie sind einfach so, wie sie sind.

Die Frage ist, wie wir damit leben.

Cornelia Rinne | 2019

FSC
www.fsc.org

MIX

Papier aus ver-
antwortungsvollen
Quellen
Paper from
responsible sources

FSC® C105338